My Daily Diary

D1785357

All About Me

Name ....Date Of Birth ....

Address..

....

Parents Names and Contact Details..

....

Emergency Contact (1) ....

....

Emergency Contact (2) ....

....

Allergies ....

Doctor..

.... Can I use suncream Yes / No

My Likes..

....

....

My Dislikes ....

....

My Favourite Things I Like To Do ....

....

....

What I enjoyed doing today:- Date ____ /____ /____

Links to EYFS

Making Relationships ● ☐	Moving and Handling ● ☐	People and Communities ● ☐
Self-Confidence and Self- Awareness ● ☐	Health and Self-Care ● ☐	The World ● ☐
Managing Feelings and Behaviour ● ☐	Reading ● ☐	Technology ● ☐
Listening and Attention ● ☐	Writing ● ☐	Media and Materials ● ☐
Understanding ● ☐	Numbers ● ☐	Being Imaginative ● ☐
Speaking ● ☐	Shape, Space & Measure ● ☐	

My key achievement

Nappy Changes/ Toilet	Time Wet Soiled ☐ ☐	Time Wet Soiled ☐ ☐	Time Wet Soiled ☐ ☐	Time Wet Soiled ☐ ☐	Time Wet Soiled ☐ ☐	Time Wet Soiled ☐ ☐

Bottles | Time   Amount

_____ / _____
_____ / _____
_____ / _____
_____ / _____

Sleeps | From   Until

_____ / _____
_____ / _____
_____ / _____
_____ / _____

Meals

Breakfast	Lunch	Tea	Snacks

Parent / Carer Communication

What I enjoyed doing today:-   Date ____ /____ /____

My key achievement

Nappy Changes/ Toilet	Time Wet Soiled ☐ ☐	Time Wet Soiled ☐ ☐	Time Wet Soiled ☐ ☐	Time Wet Soiled ☐ ☐	Time Wet Soiled ☐ ☐	Time Wet Soiled ☐ ☐

Bottles | Time   Amount   Sleeps | From   Until

_____ / _____   _____ / _____

_____ / _____   _____ / _____

_____ / _____   _____ / _____

_____ / _____   _____ / _____

Meals

Breakfast	Lunch	Tea	Snacks

Parent / Carer Communication

What I enjoyed doing today:-   Date ____ / ____ / ____

Making Relationships ● ☐	Moving and Handling ● ☐ People and Communities ● ☐
Self-Confidence and Self- Awareness ● ☐	Health and Self-Care ● ☐ The World ● ☐
Managing Feelings and Behaviour ● ☐	Reading ● ☐ Technology ● ☐
Listening and Attention ● ☐	Writing ● ☐ Media and Materials ● ☐
Understanding ● ☐	Numbers ● ☐ Being Imaginative ● ☐
Speaking ● ☐	Shape, Space & Measure ● ☐

My key achievement

Nappy Changes/ Toilet	Time Wet Soiled ☐ ☐	Time Wet Soiled ☐ ☐	Time Wet Soiled ☐ ☐	Time Wet Soiled ☐ ☐	Time Wet Soiled ☐ ☐	Time Wet Soiled ☐ ☐

Bottles | Time   Amount   Sleeps | From   Until

_____ / _____   _____ / _____

_____ / _____   _____ / _____

_____ / _____   _____ / _____

_____ / _____   _____ / _____

Meals

Breakfast	Lunch	Tea	Snacks

Parent / Carer Communication

What I enjoyed doing today:-   Date ____ /____ /____

Making Relationships ● ☐	Moving and Handling ● ☐	People and Communities ● ☐
Self-Confidence and Self- Awareness ● ☐	Health and Self-Care ● ☐	The World ● ☐
Managing Feelings and Behaviour ● ☐	Reading ● ☐	Technology ● ☐
Listening and Attention ● ☐	Writing ● ☐	Media and Materials ● ☐
Understanding ● ☐	Numbers ● ☐	Being Imaginative ● ☐
Speaking ● ☐	Shape, Space & Measure ● ☐	

My key achievement

Nappy Changes/ Toilet	Time Wet Soiled ☐ ☐	Time Wet Soiled ☐ ☐	Time Wet Soiled ☐ ☐	Time Wet Soiled ☐ ☐	Time Wet Soiled ☐ ☐	Time Wet Soiled ☐ ☐

Bottles	Time	Amount	Sleeps	From	Until
	____ / ____			____ / ____	
	____ / ____			____ / ____	
	____ / ____			____ / ____	
	____ / ____			____ / ____	

Meals

Breakfast	Lunch	Tea	Snacks

Parent / Carer Communication

What I enjoyed doing today:- Date ____ /____ /____

Links to EYFS

Making Relationships ● ☐	Moving and Handling ● ☐	People and Communities ● ☐
Self-Confidence and Self- Awareness ● ☐	Health and Self-Care ● ☐	The World ● ☐
Managing Feelings and Behaviour ● ☐	Reading ● ☐	Technology ● ☐
Listening and Attention ● ☐	Writing ● ☐	Media and Materials ● ☐
Understanding ● ☐	Numbers ● ☐	Being Imaginative ● ☐
Speaking ● ☐	Shape, Space & Measure ● ☐	

My key achievement

Nappy Changes/ Toilet	Time Wet Soiled ☐ ☐	Time Wet Soiled ☐ ☐	Time Wet Soiled ☐ ☐	Time Wet Soiled ☐ ☐	Time Wet Soiled ☐ ☐	Time Wet Soiled ☐ ☐

Bottles | Time | Amount

_____ / _____
_____ / _____
_____ / _____
_____ / _____

Sleeps | From | Until

_____ / _____
_____ / _____
_____ / _____
_____ / _____

Meals

Breakfast	Lunch	Tea	Snacks

Parent / Carer Communication

What I enjoyed doing today:- Date ____ / ____ / ____

Making Relationships ● ☐ Moving and Handling ● ☐ People and Communities ● ☐
Self-Confidence and Self- Awareness ● ☐ Health and Self-Care ● ☐ The World ● ☐
Managing Feelings and Behaviour ● ☐ Reading ● ☐ Technology ● ☐
Listening and Attention ● ☐ Writing ● ☐ Media and Materials ● ☐
Understanding ● ☐ Numbers ● ☐ Being Imaginative ● ☐
Speaking ● ☐ Shape, Space & Measure ● ☐

My key achievement

Nappy Changes/ Toilet	Time Wet Soiled	Time Wet Soiled	Time Wet Soiled	Time Wet Soiled	Time Wet Soiled	Time Wet Soiled
	☐ ☐	☐ ☐	☐ ☐	☐ ☐	☐ ☐	☐ ☐

Bottles Time Amount   Sleeps   From Until

_____ / _____   _____ / _____
_____ / _____   _____ / _____
_____ / _____   _____ / _____
_____ / _____   _____ / _____

Meals

Breakfast Lunch Tea Snacks

Parent / Carer Communication

What I enjoyed doing today:-   Date ____ /____ /____

Making Relationships ●   ☐   Moving and Handling ●   ☐   People and Communities ● ☐
Self-Confidence and Self-Awareness ● ☐   Health and Self-Care ●   ☐   The World ●   ☐
Managing Feelings and Behaviour ●   ☐   Reading ●   ☐   Technology ●   ☐
Listening and Attention ●   ☐   Writing ●   ☐   Media and Materials ●   ☐
Understanding ●   ☐   Numbers ●   ☐   Being Imaginative ●   ☐
Speaking ●   ☐   Shape, Space & Measure ● ☐

My key achievement

Nappy Changes/ Toilet	Time Wet Soiled ☐ ☐	Time Wet Soiled ☐ ☐	Time Wet Soiled ☐ ☐	Time Wet Soiled ☐ ☐	Time Wet Soiled ☐ ☐	Time Wet Soiled ☐ ☐

Bottles | Time | Amount   Sleeps | From | Until

_____ / _____   _____ / _____
_____ / _____   _____ / _____
_____ / _____   _____ / _____
_____ / _____   _____ / _____

Meals

Breakfast   Lunch   Tea   Snacks

Parent / Carer Communication

What I enjoyed doing today:- Date ____ /____ /____

My key achievement

Nappy Changes/ Toilet	Time		Time		Time		Time		Time		Time	
	Wet	Soiled	Wet	Soiled	Wet	Soiled	Wet	Soiled	Wet	Soiled	Wet	Soiled
	☐	☐	☐	☐	☐	☐	☐	☐	☐	☐	☐	☐

Bottles	Time	Amount		Sleeps	From	Until
	_____	/ _____			_____	/ _____
	_____	/ _____			_____	/ _____
	_____	/ _____			_____	/ _____
	_____	/ _____			_____	/ _____

Meals

Breakfast	Lunch	Tea	Snacks

Parent / Carer Communication

What I enjoyed doing today:-   Date ____ /____ /____

Making Relationships • ☐	Moving and Handling • ☐	People and Communities • ☐
Self-Confidence and Self- Awareness • ☐	Health and Self-Care • ☐	The World • ☐
Managing Feelings and Behaviour • ☐	Reading • ☐	Technology • ☐
Listening and Attention • ☐	Writing • ☐	Media and Materials • ☐
Understanding • ☐	Numbers • ☐	Being Imaginative • ☐
Speaking • ☐	Shape, Space & Measure • ☐	

My key achievement

| Nappy Changes/ Toilet | Time Wet Soiled ☐ ☐ | Time Wet Soiled ☐ ☐ | Time Wet Soiled ☐ ☐ | Time Wet Soiled ☐ ☐ | Time Wet Soiled ☐ ☐ | Time Wet Soiled ☐ ☐ |

Bottles   Time   Amount   Z Sleeps   From   Until

_____ / _____   _____ / _____

_____ / _____   _____ / _____

_____ / _____   _____ / _____

_____ / _____   _____ / _____

Meals

| Breakfast | Lunch | Tea | Snacks |

Parent / Carer Communication

What I enjoyed doing today:-   Date ____ /____ /____

Making Relationships ●	☐	Moving and Handling ●	☐	People and Communities ●	☐
Self-Confidence and Self- Awareness ●	☐	Health and Self-Care ●	☐	The World ●	☐
Managing Feelings and Behaviour ●	☐	Reading ●	☐	Technology ●	☐
Listening and Attention ●	☐	Writing ●	☐	Media and Materials ●	☐
Understanding ●	☐	Numbers ●	☐	Being Imaginative ●	☐
Speaking ●	☐	Shape, Space & Measure ●	☐		

My key achievement

| Nappy Changes/ Toilet | Time Wet Soiled ☐ ☐ | Time Wet Soiled ☐ ☐ | Time Wet Soiled ☐ ☐ | Time Wet Soiled ☐ ☐ | Time Wet Soiled ☐ ☐ | Time Wet Soiled ☐ ☐ |

Bottles	Time	Amount		Sleeps	From	Until
	_____ / _____				_____ / _____	
	_____ / _____				_____ / _____	
	_____ / _____				_____ / _____	
	_____ / _____				_____ / _____	

Meals

Breakfast	Lunch	Tea	Snacks

Parent / Carer Communication

What I enjoyed doing today:-   Date ____ /____ /____

My key achievement

Nappy Changes/ Toilet	Time Wet Soiled ☐ ☐	Time Wet Soiled ☐ ☐	Time Wet Soiled ☐ ☐	Time Wet Soiled ☐ ☐	Time Wet Soiled ☐ ☐	Time Wet Soiled ☐ ☐

Bottles	Time	Amount		Sleeps	From	Until
	_____ / _____				_____ / _____	
	_____ / _____				_____ / _____	
	_____ / _____				_____ / _____	
	_____ / _____				_____ / _____	

Meals

Breakfast	Lunch	Tea	Snacks

Parent / Carer Communication

What I enjoyed doing today:-

Date _____ / _____ / _____

Links to EYFS

Making Relationships ● ☐
Self-Confidence and Self- Awareness ● ☐
Managing Feelings and Behaviour ● ☐
Listening and Attention ● ☐
Understanding ● ☐
Speaking ● ☐

Moving and Handling ● ☐
Health and Self-Care ● ☐
Reading ● ☐
Writing ● ☐
Numbers ● ☐
Shape, Space & Measure ● ☐

People and Communities ● ☐
The World ● ☐
Technology ● ☐
Media and Materials ● ☐
Being Imaginative ● ☐

My key achievement

Nappy Changes/ Toilet	Time Wet Soiled ☐ ☐	Time Wet Soiled ☐ ☐	Time Wet Soiled ☐ ☐	Time Wet Soiled ☐ ☐	Time Wet Soiled ☐ ☐	Time Wet Soiled ☐ ☐

Bottles

Time	Amount
_____	/ _____
_____	/ _____
_____	/ _____
_____	/ _____

Sleeps

From	Until
_____	/ _____
_____	/ _____
_____	/ _____
_____	/ _____

Meals

Breakfast	Lunch	Tea	Snacks

Parent / Carer Communication

What I enjoyed doing today:- Date ____ /____ /____

Links to EYFS

Making Relationships ● ☐	Moving and Handling ● ☐	People and Communities ● ☐
Self-Confidence and Self- Awareness ● ☐	Health and Self-Care ● ☐	The World ● ☐
Managing Feelings and Behaviour ● ☐	Reading ● ☐	Technology ● ☐
Listening and Attention ● ☐	Writing ● ☐	Media and Materials ● ☐
Understanding ● ☐	Numbers ● ☐	Being Imaginative ● ☐
Speaking ● ☐	Shape, Space & Measure ● ☐	

My key achievement

Nappy Changes/ Toilet	Time Wet Soiled ☐ ☐	Time Wet Soiled ☐ ☐	Time Wet Soiled ☐ ☐	Time Wet Soiled ☐ ☐	Time Wet Soiled ☐ ☐	Time Wet Soiled ☐ ☐

Bottles | Time Amount

____ / ____
____ / ____
____ / ____
____ / ____

Sleeps | From Until

____ / ____
____ / ____
____ / ____
____ / ____

Meals

Breakfast	Lunch	Tea	Snacks

Parent / Carer Communication

What I enjoyed doing today:-   Date ____ /____ /____

My key achievement

Nappy Changes/ Toilet	Time Wet Soiled ☐ ☐	Time Wet Soiled ☐ ☐	Time Wet Soiled ☐ ☐	Time Wet Soiled ☐ ☐	Time Wet Soiled ☐ ☐	Time Wet Soiled ☐ ☐

Bottles	Time	Amount	Sleeps	From	Until
	_____	/ _____		_____	/ _____
	_____	/ _____		_____	/ _____
	_____	/ _____		_____	/ _____
	_____	/ _____		_____	/ _____

Meals

Breakfast	Lunch	Tea	Snacks

Parent / Carer Communication

What I enjoyed doing today:-   Date ____ /____ /____

Links to EYFS

Making Relationships ● ☐	Moving and Handling ● ☐	People and Communities ● ☐
Self-Confidence and Self- Awareness ● ☐	Health and Self-Care ● ☐	The World ● ☐
Managing Feelings and Behaviour ● ☐	Reading ● ☐	Technology ●
Listening and Attention ● ☐	Writing ● ☐	Media and Materials ● ☐
Understanding ● ☐	Numbers ● ☐	Being Imaginative ● ☐
Speaking ● ☐	Shape, Space & Measure ● ☐	

My key achievement

Nappy Changes/ Toilet	Time Wet Soiled ☐ ☐	Time Wet Soiled ☐ ☐	Time Wet Soiled ☐ ☐	Time Wet Soiled ☐ ☐	Time Wet Soiled ☐ ☐	Time Wet Soiled ☐ ☐

Bottles	Time	Amount	Sleeps	From	Until
	_____ / _____			_____ / _____	
	_____ / _____			_____ / _____	
	_____ / _____			_____ / _____	
	_____ / _____			_____ / _____	

Meals

Breakfast	Lunch	Tea	Snacks

Parent / Carer Communication

What I enjoyed doing today:-   Date ____ /____ /____

Making Relationships ● ☐
Self-Confidence and Self- Awareness ● ☐
Managing Feelings and Behaviour ● ☐
Listening and Attention ● ☐
Understanding ●
Speaking ●

Moving and Handling ● ☐
Health and Self-Care ● ☐
Reading ● ☐
Writing ● ☐
Numbers ● ☐
Shape, Space & Measure ● ☐

People and Communities ● ☐
The World ● ☐
Technology ● ☐
Media and Materials ● ☐
Being Imaginative ● ☐

My key achievement

Nappy Changes/ Toilet	Time Wet Soiled ☐ ☐	Time Wet Soiled ☐ ☐	Time Wet Soiled ☐ ☐	Time Wet Soiled ☐ ☐	Time Wet Soiled ☐ ☐	Time Wet Soiled ☐ ☐

Bottles | Time   Amount

_____ / _____
_____ / _____
_____ / _____
_____ / _____

Sleeps | From   Until

_____ / _____
_____ / _____
_____ / _____
_____ / _____

Meals

Breakfast   Lunch   Tea   Snacks

Parent / Carer Communication

What I enjoyed doing today:-   Date _____ /_____ /_____

Links to EYFS

Making Relationships ●	☐	Moving and Handling ●	☐	People and Communities ●	☐
Self-Confidence and Self- Awareness ●	☐	Health and Self-Care ●	☐	The World ●	☐
Managing Feelings and Behaviour ●	☐	Reading ●	☐	Technology ●	☐
Listening and Attention ●	☐	Writing ●	☐	Media and Materials ●	☐
Understanding ●	☐	Numbers ●	☐	Being Imaginative ●	☐
Speaking ●	☐	Shape, Space & Measure ●	☐		

My key achievement

Nappy Changes/ Toilet	Time Wet Soiled ☐ ☐	Time Wet Soiled ☐ ☐	Time Wet Soiled ☐ ☐	Time Wet Soiled ☐ ☐	Time Wet Soiled ☐ ☐	Time Wet Soiled ☐ ☐

Bottles   Time   Amount   Sleeps   From   Until

_____ / _____   _____ / _____

_____ / _____   _____ / _____

_____ / _____   _____ / _____

_____ / _____   _____ / _____

Meals

Breakfast   Lunch   Tea   Snacks

Parent / Carer Communication

What I enjoyed doing today:-   Date ____ /____ /____

Links to EYFS

Making Relationships ● ☐	Moving and Handling ● ☐	People and Communities ● ☐
Self-Confidence and Self- Awareness ● ☐	Health and Self-Care ● ☐	The World ● ☐
Managing Feelings and Behaviour ● ☐	Reading ● ☐	Technology ● ☐
Listening and Attention ● ☐	Writing ● ☐	Media and Materials ● ☐
Understanding ● ☐	Numbers ● ☐	Being Imaginative ● ☐
Speaking ● ☐	Shape, Space & Measure ● ☐	

My key achievement

Nappy Changes/ Toilet	Time Wet Soiled ☐ ☐	Time Wet Soiled ☐ ☐	Time Wet Soiled ☐ ☐	Time Wet Soiled ☐ ☐	Time Wet Soiled ☐ ☐	Time Wet Soiled ☐ ☐

Bottles	Time	Amount		Sleeps	From	Until
	_____	/ _____			_____	/ _____
	_____	/ _____			_____	/ _____
	_____	/ _____			_____	/ _____
	_____	/ _____			_____	/ _____

Meals

Breakfast	Lunch	Tea	Snacks

Parent / Carer Communication

What I enjoyed doing today:-   Date ____ /____ /____

Links to EYFS

Making Relationships ● ☐	Moving and Handling ● ☐	People and Communities ● ☐
Self-Confidence and Self- Awareness ● ☐	Health and Self-Care ● ☐	The World ● ☐
Managing Feelings and Behaviour ● ☐	Reading ● ☐	Technology ● ☐
Listening and Attention ● ☐	Writing ● ☐	Media and Materials ● ☐
Understanding ● ☐	Numbers ● ☐	Being Imaginative ● ☐
Speaking ● ☐	Shape, Space & Measure ● ☐	

My key achievement

Nappy Changes/ Toilet	Time Wet Soiled ☐ ☐	Time Wet Soiled ☐ ☐	Time Wet Soiled ☐ ☐	Time Wet Soiled ☐ ☐	Time Wet Soiled ☐ ☐	Time Wet Soiled ☐ ☐

Bottles | Time   Amount   Sleeps   From   Until

_____ / _____   _____ / _____

_____ / _____   _____ / _____

_____ / _____   _____ / _____

_____ / _____   _____ / _____

Meals

Breakfast	Lunch	Tea	Snacks

Parent / Carer Communication

What I enjoyed doing today:-   Date ____ /____ /____

My key achievement

Nappy Changes/ Toilet	Time Wet Soiled ☐ ☐	Time Wet Soiled ☐ ☐	Time Wet Soiled ☐ ☐	Time Wet Soiled ☐ ☐	Time Wet Soiled ☐ ☐	Time Wet Soiled ☐ ☐

Bottles	Time	Amount		Sleeps	From	Until
	_____	/ _____			_____	/ _____
	_____	/ _____			_____	/ _____
	_____	/ _____			_____	/ _____
	_____	/ _____			_____	/ _____

Meals

Breakfast	Lunch	Tea	Snacks

Parent / Carer Communication

What I enjoyed doing today:-   Date ____ /____ /____

My key achievement

Nappy Changes/ Toilet	Time Wet Soiled ☐ ☐	Time Wet Soiled ☐ ☐	Time Wet Soiled ☐ ☐	Time Wet Soiled ☐ ☐	Time Wet Soiled ☐ ☐	Time Wet Soiled ☐ ☐

Bottles | Time   Amount

_____ / _____
_____ / _____
_____ / _____
_____ / _____

Sleeps | From   Until

_____ / _____
_____ / _____
_____ / _____
_____ / _____

Meals

Breakfast	Lunch	Tea	Snacks

Parent / Carer Communication

What I enjoyed doing today:- Date ____ /____ /____

Making Relationships ● ☐	Moving and Handling ● ☐	People and Communities ● ☐
Self-Confidence and Self- Awareness ● ☐	Health and Self-Care ● ☐	The World ● ☐
Managing Feelings and Behaviour ● ☐	Reading ● ☐	Technology ● ☐
Listening and Attention ● ☐	Writing ● ☐	Media and Materials ● ☐
Understanding ● ☐	Numbers ● ☐	Being Imaginative ● ☐
Speaking ● ☐	Shape, Space & Measure ● ☐	

My key achievement

Nappy Changes/ Toilet	Time Wet Soiled ☐ ☐	Time Wet Soiled ☐ ☐	Time Wet Soiled ☐ ☐	Time Wet Soiled ☐ ☐	Time Wet Soiled ☐ ☐	Time Wet Soiled ☐ ☐

Bottles | Time | Amount

_____ / _____
_____ / _____
_____ / _____
_____ / _____

Sleeps | From | Until

_____ / _____
_____ / _____
_____ / _____
_____ / _____

Meals

Breakfast	Lunch	Tea	Snacks

Parent / Carer Communication

What I enjoyed doing today:-   Date ____ /____ /____

Links to EYFS

Making Relationships ●	☐	Moving and Handling ●	☐	People and Communities ●	☐
Self-Confidence and Self- Awareness ●	☐	Health and Self-Care ●	☐	The World ●	☐
Managing Feelings and Behaviour ●	☐	Reading ●	☐	Technology ●	☐
Listening and Attention ●	☐	Writing ●	☐	Media and Materials ●	☐
Understanding ●	☐	Numbers ●	☐	Being Imaginative ●	☐
Speaking ●	☐	Shape, Space & Measure ●	☐		

My key achievement

Nappy Changes/ Toilet	Time Wet Soiled ☐ ☐	Time Wet Soiled ☐ ☐	Time Wet Soiled ☐ ☐	Time Wet Soiled ☐ ☐	Time Wet Soiled ☐ ☐	Time Wet Soiled ☐ ☐

Bottles	Time	Amount	Sleeps	From	Until
	_____ / _____			_____ / _____	
	_____ / _____			_____ / _____	
	_____ / _____			_____ / _____	
	_____ / _____			_____ / _____	

Meals

Breakfast	Lunch	Tea	Snacks

Parent / Carer Communication

What I enjoyed doing today:-   Date _____ /_____ /_____

Links to EYFS

Making Relationships ●	☐	Moving and Handling ●	☐	People and Communities ●	☐
Self-Confidence and Self- Awareness ●	☐	Health and Self-Care ●	☐	The World ●	☐
Managing Feelings and Behaviour ●	☐	Reading ●	☐	Technology ●	☐
Listening and Attention ●	☐	Writing ●	☐	Media and Materials ●	☐
Understanding ●	☐	Numbers ●	☐	Being Imaginative ●	☐
Speaking ●	☐	Shape, Space & Measure ●	☐		

My key achievement

Nappy Changes/ Toilet	Time Wet Soiled ☐ ☐	Time Wet Soiled ☐ ☐	Time Wet Soiled ☐ ☐	Time Wet Soiled ☐ ☐	Time Wet Soiled ☐ ☐	Time Wet Soiled ☐ ☐

Bottles | Time   Amount   Sleeps   From   Until

_____ / _____   _____ / _____
_____ / _____   _____ / _____
_____ / _____   _____ / _____
_____ / _____   _____ / _____

Meals

Breakfast	Lunch	Tea	Snacks

Parent / Carer Communication

What I enjoyed doing today:-   Date ____ /____ /____

Links to EYFS

Making Relationships ● ☐	Moving and Handling ● ☐	People and Communities ● ☐
Self-Confidence and Self- Awareness ● ☐	Health and Self-Care ● ☐	The World ● ☐
Managing Feelings and Behaviour ● ☐	Reading ● ☐	Technology ● ☐
Listening and Attention ● ☐	Writing ● ☐	Media and Materials ● ☐
Understanding ● ☐	Numbers ● ☐	Being Imaginative ● ☐
Speaking ● ☐	Shape, Space & Measure ● ☐	

My key achievement

Nappy Changes/ Toilet	Time Wet Soiled ☐ ☐	Time Wet Soiled ☐ ☐	Time Wet Soiled ☐ ☐	Time Wet Soiled ☐ ☐	Time Wet Soiled ☐ ☐	Time Wet Soiled ☐ ☐

Bottles | Time   Amount   Sleeps | From   Until

_____ / _____   _____ / _____
_____ / _____   _____ / _____
_____ / _____   _____ / _____
_____ / _____   _____ / _____

Meals

Breakfast   Lunch   Tea   Snacks

Parent / Carer Communication

What I enjoyed doing today:-   Date ____ /____ /____

Making Relationships ● ☐	Moving and Handling ● ☐	People and Communities ● ☐
Self-Confidence and Self- Awareness ● ☐	Health and Self-Care ● ☐	The World ● ☐
Managing Feelings and Behaviour ● ☐	Reading ● ☐	Technology ● ☐
Listening and Attention ● ☐	Writing ● ☐	Media and Materials ● ☐
Understanding ● ☐	Numbers ● ☐	Being Imaginative ● ☐
Speaking ● ☐	Shape, Space & Measure ● ☐	

My key achievement

Nappy Changes/ Toilet	Time Wet Soiled ☐ ☐	Time Wet Soiled ☐ ☐	Time Wet Soiled ☐ ☐	Time Wet Soiled ☐ ☐	Time Wet Soiled ☐ ☐	Time Wet Soiled ☐ ☐

Bottles | Time   Amount   Sleeps   From   Until

_____ / _____   _____ / _____

_____ / _____   _____ / _____

_____ / _____   _____ / _____

_____ / _____   _____ / _____

Meals

Breakfast	Lunch	Tea	Snacks

Parent / Carer Communication

What I enjoyed doing today:-   Date _____ / _____ / _____

Making Relationships ●	☐	Moving and Handling ●	☐	People and Communities ●	☐
Self-Confidence and Self- Awareness ●	☐	Health and Self-Care ●	☐	The World ●	☐
Managing Feelings and Behaviour ●	☐	Reading ●	☐	Technology ●	☐
Listening and Attention ●	☐	Writing ●	☐	Media and Materials ●	☐
Understanding ●	☐	Numbers ●	☐	Being Imaginative ●	☐
Speaking ●	☐	Shape, Space & Measure ●	☐		

My key achievement

Nappy Changes/ Toilet	Time Wet Soiled ☐ ☐	Time Wet Soiled ☐ ☐	Time Wet Soiled ☐ ☐	Time Wet Soiled ☐ ☐	Time Wet Soiled ☐ ☐	Time Wet Soiled ☐ ☐

Bottles	Time	Amount	Sleeps	From	Until
	_____ / _____			_____ / _____	
	_____ / _____			_____ / _____	
	_____ / _____			_____ / _____	
	_____ / _____			_____ / _____	

Meals

Breakfast	Lunch	Tea	Snacks

Parent / Carer Communication

What I enjoyed doing today:-   Date ____ /____ /____

Links to EYFS

Making Relationships ● ☐	Moving and Handling ● ☐	People and Communities ● ☐
Self-Confidence and Self-Awareness ● ☐	Health and Self-Care ● ☐	The World ● ☐
Managing Feelings and Behaviour ● ☐	Reading ● ☐	Technology ● ☐
Listening and Attention ● ☐	Writing ● ☐	Media and Materials ● ☐
Understanding ● ☐	Numbers ● ☐	Being Imaginative ● ☐
Speaking ● ☐	Shape, Space & Measure ● ☐	

My key achievement

Nappy Changes/ Toilet	Time Wet Soiled ☐ ☐	Time Wet Soiled ☐ ☐	Time Wet Soiled ☐ ☐	Time Wet Soiled ☐ ☐	Time Wet Soiled ☐ ☐	Time Wet Soiled ☐ ☐

Bottles

Time	Amount
_____ / _____
_____ / _____
_____ / _____
_____ / _____

Sleeps

From	Until
_____ / _____
_____ / _____
_____ / _____
_____ / _____

Meals

Breakfast	Lunch	Tea	Snacks

Parent / Carer Communication

What I enjoyed doing today:-   Date ____ /____ /____

Links to EYFS

Making Relationships ● ☐	Moving and Handling ● ☐	People and Communities ● ☐
Self-Confidence and Self- Awareness ● ☐	Health and Self-Care ● ☐	The World ● ☐
Managing Feelings and Behaviour ● ☐	Reading ● ☐	Technology ● ☐
Listening and Attention ● ☐	Writing ● ☐	Media and Materials ● ☐
Understanding ● ☐	Numbers ● ☐	Being Imaginative ● ☐
Speaking ● ☐	Shape, Space & Measure ● ☐	

My key achievement

Nappy Changes/ Toilet	Time Wet Soiled ☐ ☐	Time Wet Soiled ☐ ☐	Time Wet Soiled ☐ ☐	Time Wet Soiled ☐ ☐	Time Wet Soiled ☐ ☐	Time Wet Soiled ☐ ☐

Bottles	Time	Amount		Sleeps	From	Until
	_____ / _____		z z z		_____ / _____	
	_____ / _____				_____ / _____	
	_____ / _____				_____ / _____	
	_____ / _____				_____ / _____	

Meals

Breakfast	Lunch	Tea	Snacks

Parent / Carer Communication

What I enjoyed doing today:-   Date ____ /____ /____

Links to EYFS

Making Relationships ● ☐	Moving and Handling ● ☐	People and Communities ● ☐
Self-Confidence and Self- Awareness ● ☐	Health and Self-Care ● ☐	The World ● ☐
Managing Feelings and Behaviour ● ☐	Reading ● ☐	Technology ●
Listening and Attention ● ☐	Writing ● ☐	Media and Materials ● ☐
Understanding ● ☐	Numbers ● ☐	Being Imaginative ● ☐
Speaking ● ☐	Shape, Space & Measure ● ☐	

My key achievement

Nappy Changes/ Toilet	Time Wet Soiled ☐ ☐	Time Wet Soiled ☐ ☐	Time Wet Soiled ☐ ☐	Time Wet Soiled ☐ ☐	Time Wet Soiled ☐ ☐	Time Wet Soiled ☐ ☐

Bottles | Time   Amount   Sleeps   From   Until

_____ / _____   _____ / _____
_____ / _____   _____ / _____
_____ / _____   _____ / _____
_____ / _____   _____ / _____

Meals

Breakfast	Lunch	Tea	Snacks

Parent / Carer Communication

What I enjoyed doing today:-   Date ____ /____ /____

Links to EYFS

Making Relationships ● ☐	Moving and Handling ● ☐	People and Communities ● ☐
Self-Confidence and Self- Awareness ● ☐	Health and Self-Care ● ☐	The World ● ☐
Managing Feelings and Behaviour ● ☐	Reading ● ☐	Technology ● ☐
Listening and Attention ● ☐	Writing ● ☐	Media and Materials ● ☐
Understanding ● ☐	Numbers ● ☐	Being Imaginative ● ☐
Speaking ● ☐	Shape, Space & Measure ● ☐	

My key achievement

Nappy Changes/ Toilet	Time Wet Soiled ☐ ☐	Time Wet Soiled ☐ ☐	Time Wet Soiled ☐ ☐	Time Wet Soiled ☐ ☐	Time Wet Soiled ☐ ☐	Time Wet Soiled ☐ ☐

Bottles	Time	Amount	Sleeps	From	Until
	_____ / _____			_____ / _____
	_____ / _____			_____ / _____
	_____ / _____			_____ / _____
	_____ / _____			_____ / _____

Meals

Breakfast	Lunch	Tea	Snacks

Parent / Carer Communication

What I enjoyed doing today:-   Date ____ /____ /____

Making Relationships ●   ☐   Moving and Handling ● ☐   People and Communities ● ☐
Self-Confidence and Self- Awareness ● ☐   Health and Self-Care ● ☐   The World ●   ☐
Managing Feelings and Behaviour ● ☐   Reading ●   ☐   Technology ●   ☐
Listening and Attention ●   ☐   Writing ●   ☐   Media and Materials ●   ☐
Understanding ●   ☐   Numbers ●   ☐   Being Imaginative ●   ☐
Speaking ●   ☐   Shape, Space & Measure ● ☐

My key achievement

Nappy Changes/ Toilet	Time Wet Soiled ☐ ☐	Time Wet Soiled ☐ ☐	Time Wet Soiled ☐ ☐	Time Wet Soiled ☐ ☐	Time Wet Soiled ☐ ☐	Time Wet Soiled ☐ ☐

Bottles | Time   Amount   Sleeps | From   Until

_____ / _____   _____ / _____
_____ / _____   _____ / _____
_____ / _____   _____ / _____
_____ / _____   _____ / _____

Meals

Breakfast	Lunch	Tea	Snacks

Parent / Carer Communication

What I enjoyed doing today:-   Date ____ /____ /____

My key achievement

Nappy Changes/ Toilet	Time Wet Soiled ☐ ☐	Time Wet Soiled ☐ ☐	Time Wet Soiled ☐ ☐	Time Wet Soiled ☐ ☐	Time Wet Soiled ☐ ☐	Time Wet Soiled ☐ ☐

Bottles	Time	Amount	Sleeps	From	Until
	_____	/ _____		_____	/ _____
	_____	/ _____		_____	/ _____
	_____	/ _____		_____	/ _____
	_____	/ _____		_____	/ _____

Meals

Breakfast	Lunch	Tea	Snacks

Parent / Carer Communication

What I enjoyed doing today:-   Date ____ /____ /____

Links to EYFS

Making Relationships ●	☐	Moving and Handling ●	☐	People and Communities ●	☐
Self-Confidence and Self- Awareness ●	☐	Health and Self-Care ●	☐	The World ●	☐
Managing Feelings and Behaviour ●	☐	Reading ●	☐	Technology ●	☐
Listening and Attention ●	☐	Writing ●	☐	Media and Materials ●	☐
Understanding ●	☐	Numbers ●	☐	Being Imaginative ●	☐
Speaking ●	☐	Shape, Space & Measure ●	☐		

My key achievement

Nappy Changes/ Toilet	Time Wet Soiled ☐ ☐	Time Wet Soiled ☐ ☐	Time Wet Soiled ☐ ☐	Time Wet Soiled ☐ ☐	Time Wet Soiled ☐ ☐	Time Wet Soiled ☐ ☐

Bottles	Time	Amount	Sleeps	From	Until
	_____ / _____			_____ / _____	
	_____ / _____			_____ / _____	
	_____ / _____			_____ / _____	
	_____ / _____			_____ / _____	

Meals

Breakfast	Lunch	Tea	Snacks

Parent / Carer Communication

What I enjoyed doing today:-   Date ____ /____ /____

Links to EYFS

Making Relationships ●	☐	Moving and Handling ●	☐	People and Communities ●	☐
Self-Confidence and Self- Awareness ●	☐	Health and Self-Care ●	☐	The World ●	☐
Managing Feelings and Behaviour ●	☐	Reading ●	☐	Technology ●	☐
Listening and Attention ●	☐	Writing ●	☐	Media and Materials ●	☐
Understanding ●	☐	Numbers ●	☐	Being Imaginative ●	☐
Speaking ●	☐	Shape, Space & Measure ●	☐		

My key achievement

Nappy Changes/ Toilet	Time Wet Soiled ☐ ☐	Time Wet Soiled ☐ ☐	Time Wet Soiled ☐ ☐	Time Wet Soiled ☐ ☐	Time Wet Soiled ☐ ☐	Time Wet Soiled ☐ ☐

Bottles | Time   Amount   Sleeps   From   Until

_____ / _____   _____ / _____
_____ / _____   _____ / _____
_____ / _____   _____ / _____
_____ / _____   _____ / _____

Meals

Breakfast	Lunch	Tea	Snacks

Parent / Carer Communication

What I enjoyed doing today:-   Date ____ /____ /____

Links to EYFS

Making Relationships ● ☐	Moving and Handling ● ☐	People and Communities ● ☐
Self-Confidence and Self- Awareness ● ☐	Health and Self-Care ● ☐	The World ● ☐
Managing Feelings and Behaviour ● ☐	Reading ● ☐	Technology ● ☐
Listening and Attention ● ☐	Writing ● ☐	Media and Materials ● ☐
Understanding ● ☐	Numbers ● ☐	Being Imaginative ● ☐
Speaking ● ☐	Shape, Space & Measure ● ☐	

My key achievement

Nappy Changes/ Toilet	Time Wet Soiled ☐ ☐	Time Wet Soiled ☐ ☐	Time Wet Soiled ☐ ☐	Time Wet Soiled ☐ ☐	Time Wet Soiled ☐ ☐	Time Wet Soiled ☐ ☐

Bottles	Time	Amount	Sleeps	From	Until
	____ / ____			____ / ____	
	____ / ____			____ / ____	
	____ / ____			____ / ____	
	____ / ____			____ / ____	

Meals

Breakfast	Lunch	Tea	Snacks

Parent / Carer Communication

What I enjoyed doing today:-   Date ____ /____ /____

My key achievement

Nappy Changes/ Toilet	Time Wet Soiled ☐ ☐	Time Wet Soiled ☐ ☐	Time Wet Soiled ☐ ☐	Time Wet Soiled ☐ ☐	Time Wet Soiled ☐ ☐	Time Wet Soiled ☐ ☐

Bottles	Time	Amount	Sleeps	From	Until
	_____ / _____			_____ / _____	
	_____ / _____			_____ / _____	
	_____ / _____			_____ / _____	
	_____ / _____			_____ / _____	

Meals

Breakfast	Lunch	Tea	Snacks

Parent / Carer Communication

What I enjoyed doing today:-   Date ____ /____ /____

Links to EYFS

Making Relationships ● ☐	Moving and Handling ● ☐	People and Communities ● ☐
Self-Confidence and Self- Awareness ● ☐	Health and Self-Care ● ☐	The World ● ☐
Managing Feelings and Behaviour ● ☐	Reading ● ☐	Technology ● ☐
Listening and Attention ● ☐	Writing ● ☐	Media and Materials ● ☐
Understanding ● ☐	Numbers ● ☐	Being Imaginative ● ☐
Speaking ● ☐	Shape, Space & Measure ● ☐	

My key achievement

Nappy Changes/ Toilet	Time Wet Soiled ☐ ☐	Time Wet Soiled ☐ ☐	Time Wet Soiled ☐ ☐	Time Wet Soiled ☐ ☐	Time Wet Soiled ☐ ☐	Time Wet Soiled ☐ ☐

Bottles | Time   Amount   Z z z z   Sleeps | From   Until

_____ / _____   _____ / _____

_____ / _____   _____ / _____

_____ / _____   _____ / _____

_____ / _____   _____ / _____

Meals

Breakfast	Lunch	Tea	Snacks

Parent / Carer Communication

What I enjoyed doing today:-   Date ____ / ____ / ____

Making Relationships ● ☐	Moving and Handling ● ☐	People and Communities ● ☐
Self-Confidence and Self-Awareness ● ☐	Health and Self-Care ● ☐	The World ● ☐
Managing Feelings and Behaviour ● ☐	Reading ● ☐	Technology ● ☐
Listening and Attention ● ☐	Writing ● ☐	Media and Materials ● ☐
Understanding ● ☐	Numbers ● ☐	Being Imaginative ● ☐
Speaking ● ☐	Shape, Space & Measure ● ☐	

My key achievement

Nappy Changes/ Toilet	Time Wet Soiled ☐ ☐	Time Wet Soiled ☐ ☐	Time Wet Soiled ☐ ☐	Time Wet Soiled ☐ ☐	Time Wet Soiled ☐ ☐	Time Wet Soiled ☐ ☐

Bottles	Time	Amount	Sleeps	From	Until
	_____ / _____			_____ / _____
	_____ / _____			_____ / _____
	_____ / _____			_____ / _____
	_____ / _____			_____ / _____

Meals

Breakfast	Lunch	Tea	Snacks

Parent / Carer Communication

What I enjoyed doing today:-   Date ____ /____ /____

Making Relationships ●	☐	Moving and Handling ●	☐
Self-Confidence and Self- Awareness ●	☐	Health and Self-Care ●	☐
Managing Feelings and Behaviour ●	☐	Reading ●	☐
Listening and Attention ●	☐	Writing ●	☐
Understanding ●	☐	Numbers ●	☐
Speaking ●	☐	Shape, Space & Measure ●	☐

People and Communities ● ☐
The World ● ☐
Technology ● ☐
Media and Materials ● ☐
Being Imaginative ● ☐

My key achievement

Nappy Changes/ Toilet	Time Wet Soiled ☐ ☐	Time Wet Soiled ☐ ☐	Time Wet Soiled ☐ ☐	Time Wet Soiled ☐ ☐	Time Wet Soiled ☐ ☐	Time Wet Soiled ☐ ☐

Bottles | Time   Amount   Sleeps | From   Until

_____ / _____   _____ / _____
_____ / _____   _____ / _____
_____ / _____   _____ / _____
_____ / _____   _____ / _____

Meals

Breakfast	Lunch	Tea	Snacks

Parent / Carer Communication

What I enjoyed doing today:-   Date ____ /____ /____

Links to EYFS

Making Relationships ●	☐	Moving and Handling ●	☐	People and Communities ● ☐
Self-Confidence and Self- Awareness ●	☐	Health and Self-Care ●	☐	The World ● ☐
Managing Feelings and Behaviour ●	☐	Reading ●	☐	Technology ● ☐
Listening and Attention ●	☐	Writing ●	☐	Media and Materials ● ☐
Understanding ●	☐	Numbers ●	☐	Being Imaginative ● ☐
Speaking ●	☐	Shape, Space & Measure ●	☐	

My key achievement

Nappy Changes/ Toilet	Time Wet Soiled ☐ ☐	Time Wet Soiled ☐ ☐	Time Wet Soiled ☐ ☐	Time Wet Soiled ☐ ☐	Time Wet Soiled ☐ ☐	Time Wet Soiled ☐ ☐

Bottles	Time	Amount		Sleeps	From	Until
	_____ / _____				_____ / _____	
	_____ / _____				_____ / _____	
	_____ / _____				_____ / _____	
	_____ / _____				_____ / _____	

Meals

Breakfast	Lunch	Tea	Snacks

Parent / Carer Communication

What I enjoyed doing today:-   Date _____ /_____ /_____

My key achievement

Nappy Changes/ Toilet	Time Wet Soiled ☐ ☐	Time Wet Soiled ☐ ☐	Time Wet Soiled ☐ ☐	Time Wet Soiled ☐ ☐	Time Wet Soiled ☐ ☐	Time Wet Soiled ☐ ☐

Bottles | Time   Amount

_____ / _____
_____ / _____
_____ / _____
_____ / _____

Sleeps | From   Until

_____ / _____
_____ / _____
_____ / _____
_____ / _____

Meals

Breakfast	Lunch	Tea	Snacks

Parent / Carer Communication

What I enjoyed doing today:-   Date ____ /____ /____

Links to EYFS

Making Relationships ● ☐	Moving and Handling ● ☐	People and Communities ● ☐
Self-Confidence and Self- Awareness ● ☐	Health and Self-Care ● ☐	The World ● ☐
Managing Feelings and Behaviour ● ☐	Reading ● ☐	Technology ● ☐
Listening and Attention ● ☐	Writing ● ☐	Media and Materials ● ☐
Understanding ● ☐	Numbers ● ☐	Being Imaginative ● ☐
Speaking ● ☐	Shape, Space & Measure ● ☐	

My key achievement

Nappy Changes/ Toilet	Time Wet Soiled ☐ ☐	Time Wet Soiled ☐ ☐	Time Wet Soiled ☐ ☐	Time Wet Soiled ☐ ☐	Time Wet Soiled ☐ ☐	Time Wet Soiled ☐ ☐

Bottles	Time	Amount	Sleeps	From	Until
	_____ / _____			_____ / _____	
	_____ / _____			_____ / _____	
	_____ / _____			_____ / _____	
	_____ / _____			_____ / _____	

Meals

Breakfast	Lunch	Tea	Snacks

Parent / Carer Communication

What I enjoyed doing today:-   Date ____ /____ /____

My key achievement

Nappy Changes/ Toilet	Time Wet Soiled ☐ ☐	Time Wet Soiled ☐ ☐	Time Wet Soiled ☐ ☐	Time Wet Soiled ☐ ☐	Time Wet Soiled ☐ ☐	Time Wet Soiled ☐ ☐

Bottles | Time   Amount   Z Sleeps | From   Until
_____ / _____   _____ / _____
_____ / _____   _____ / _____
_____ / _____   _____ / _____
_____ / _____   _____ / _____

Meals

Breakfast	Lunch	Tea	Snacks

Parent / Carer Communication

What I enjoyed doing today:-   Date ____ / ____ / ____

My key achievement

Nappy Changes/ Toilet	Time Wet Soiled ☐ ☐	Time Wet Soiled ☐ ☐	Time Wet Soiled ☐ ☐	Time Wet Soiled ☐ ☐	Time Wet Soiled ☐ ☐	Time Wet Soiled ☐ ☐

Bottles   Time   Amount

_____ / _____
_____ / _____
_____ / _____
_____ / _____

Sleeps   From   Until

_____ / _____
_____ / _____
_____ / _____
_____ / _____

Meals

Breakfast   Lunch   Tea   Snacks

Parent / Carer Communication

What I enjoyed doing today:-   Date ____ /____ /____

Links to EYFS

Making Relationships ●	☐	Moving and Handling ●	☐	People and Communities ●	☐
Self-Confidence and Self- Awareness ●	☐	Health and Self-Care ●	☐	The World ●	☐
Managing Feelings and Behaviour ●	☐	Reading ●	☐	Technology ●	☐
Listening and Attention ●	☐	Writing ●	☐	Media and Materials ●	☐
Understanding ●	☐	Numbers ●	☐	Being Imaginative ●	☐
Speaking ●	☐	Shape, Space & Measure ●	☐		

My key achievement

Nappy Changes/ Toilet	Time Wet Soiled ☐ ☐	Time Wet Soiled ☐ ☐	Time Wet Soiled ☐ ☐	Time Wet Soiled ☐ ☐	Time Wet Soiled ☐ ☐	Time Wet Soiled ☐ ☐

Bottles	Time	Amount		Sleeps	From	Until
	_____ / _____				_____ / _____	
	_____ / _____				_____ / _____	
	_____ / _____				_____ / _____	
	_____ / _____				_____ / _____	

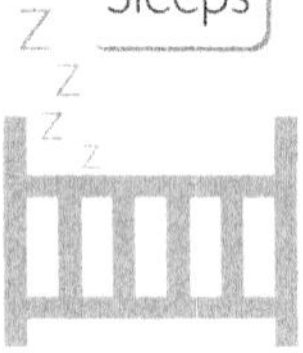

Meals

Breakfast	Lunch	Tea	Snacks

Parent / Carer Communication

What I enjoyed doing today:-   Date ____ /____ /____

Links to EYFS

Making Relationships ● ☐	Moving and Handling ● ☐	People and Communities ● ☐
Self-Confidence and Self- Awareness ● ☐	Health and Self-Care ● ☐	The World ● ☐
Managing Feelings and Behaviour ● ☐	Reading ● ☐	Technology ● ☐
Listening and Attention ● ☐	Writing ● ☐	Media and Materials ● ☐
Understanding ● ☐	Numbers ● ☐	Being Imaginative ● ☐
Speaking ● ☐	Shape, Space & Measure ● ☐	

My key achievement

Nappy Changes/ Toilet	Time Wet Soiled ☐ ☐	Time Wet Soiled ☐ ☐	Time Wet Soiled ☐ ☐	Time Wet Soiled ☐ ☐	Time Wet Soiled ☐ ☐	Time Wet Soiled ☐ ☐

Bottles   Time   Amount   Sleeps   From   Until

_____ / _____   _____ / _____

_____ / _____   _____ / _____

_____ / _____   _____ / _____

_____ / _____   _____ / _____

Meals

Breakfast   Lunch   Tea   Snacks

Parent / Carer Communication

What I enjoyed doing today:- Date ____ /____ /____

My key achievement

Nappy Changes/ Toilet	Time Wet Soiled ☐ ☐	Time Wet Soiled ☐ ☐	Time Wet Soiled ☐ ☐	Time Wet Soiled ☐ ☐	Time Wet Soiled ☐ ☐	Time Wet Soiled ☐ ☐

Bottles

Time	Amount
_____ / _____
_____ / _____
_____ / _____
_____ / _____

Sleeps

From	Until
_____ / _____
_____ / _____
_____ / _____
_____ / _____

Meals

Breakfast	Lunch	Tea	Snacks

Parent / Carer Communication

What I enjoyed doing today:-   Date ____ /____ /____

Links to EYFS

Making Relationships ● ☐	Moving and Handling ● ☐	People and Communities ● ☐
Self-Confidence and Self- Awareness ● ☐	Health and Self-Care ● ☐	The World ● ☐
Managing Feelings and Behaviour ● ☐	Reading ● ☐	Technology ● ☐
Listening and Attention ● ☐	Writing ● ☐	Media and Materials ● ☐
Understanding ● ☐	Numbers ● ☐	Being Imaginative ● ☐
Speaking ● ☐	Shape, Space & Measure ● ☐	

My key achievement

Nappy Changes/ Toilet	Time Wet Soiled ☐ ☐	Time Wet Soiled ☐ ☐	Time Wet Soiled ☐ ☐	Time Wet Soiled ☐ ☐	Time Wet Soiled ☐ ☐	Time Wet Soiled ☐ ☐

Bottles	Time	Amount	Sleeps	From	Until
	____	/ ____		____	/ ____
	____	/ ____		____	/ ____
	____	/ ____		____	/ ____
	____	/ ____		____	/ ____

Meals

Breakfast	Lunch	Tea	Snacks

Parent / Carer Communication

What I enjoyed doing today:-   Date ____ /____ /____

Links to EYFS

Making Relationships ● ☐
Self-Confidence and Self- Awareness ● ☐
Managing Feelings and Behaviour ● ☐
Listening and Attention ● ☐
Understanding ● ☐
Speaking ● ☐

Moving and Handling ● ☐
Health and Self-Care ● ☐
Reading ● ☐
Writing ● ☐
Numbers ● ☐
Shape, Space & Measure ● ☐

People and Communities ● ☐
The World ● ☐
Technology ● ☐
Media and Materials ● ☐
Being Imaginative ● ☐

My key achievement

Nappy Changes/ Toilet	Time Wet Soiled ☐ ☐	Time Wet Soiled ☐ ☐	Time Wet Soiled ☐ ☐	Time Wet Soiled ☐ ☐	Time Wet Soiled ☐ ☐	Time Wet Soiled ☐ ☐

Bottles | Time   Amount

_____ / _____
_____ / _____
_____ / _____
_____ / _____

Sleeps | From   Until

_____ / _____
_____ / _____
_____ / _____
_____ / _____

Meals |

Breakfast	Lunch	Tea	Snacks

Parent / Carer Communication

What I enjoyed doing today:-   Date ____ /____ /____

Links to EYFS

Making Relationships ● ☐	Moving and Handling ● ☐	People and Communities ● ☐
Self-Confidence and Self-Awareness ● ☐	Health and Self-Care ● ☐	The World ● ☐
Managing Feelings and Behaviour ● ☐	Reading ● ☐	Technology ● ☐
Listening and Attention ● ☐	Writing ● ☐	Media and Materials ● ☐
Understanding ● ☐	Numbers ● ☐	Being Imaginative ● ☐
Speaking ● ☐	Shape, Space & Measure ● ☐	

My key achievement

Nappy Changes/ Toilet	Time Wet Soiled ☐ ☐	Time Wet Soiled ☐ ☐	Time Wet Soiled ☐ ☐	Time Wet Soiled ☐ ☐	Time Wet Soiled ☐ ☐	Time Wet Soiled ☐ ☐

Bottles	Time	Amount	Sleeps	From	Until
	____ / ____			____ / ____	
	____ / ____			____ / ____	
	____ / ____			____ / ____	
	____ / ____			____ / ____	

Meals

Breakfast   Lunch   Tea   Snacks

Parent / Carer Communication

What I enjoyed doing today:-   Date ____ /____ /____

Making Relationships ●   ☐ Moving and Handling ● ☐   People and Communities ● ☐
Self-Confidence and Self- Awareness ● ☐ Health and Self-Care ● ☐   The World ●   ☐
Managing Feelings and Behaviour ●   ☐ Reading ●   ☐   Technology ●   ☐
Listening and Attention ●   ☐ Writing ●   ☐   Media and Materials ●   ☐
Understanding ●   ☐ Numbers ●   ☐   Being Imaginative ●   ☐
Speaking ●   ☐ Shape, Space & Measure ● ☐

My key achievement

Nappy Changes/ Toilet	Time Wet Soiled ☐ ☐	Time Wet Soiled ☐ ☐	Time Wet Soiled ☐ ☐	Time Wet Soiled ☐ ☐	Time Wet Soiled ☐ ☐	Time Wet Soiled ☐ ☐

Bottles   Time   Amount   Sleeps   From   Until
           _____ / _____   _____ / _____
           _____ / _____   _____ / _____
           _____ / _____   _____ / _____
           _____ / _____   _____ / _____

Meals

Breakfast   Lunch   Tea   Snacks

Parent / Carer Communication

What I enjoyed doing today:- Date ____ /____ /____

Links to EYFS

Making Relationships ●	☐	Moving and Handling ●	☐	People and Communities ●	☐
Self-Confidence and Self- Awareness ●	☐	Health and Self-Care ●	☐	The World ●	☐
Managing Feelings and Behaviour ●	☐	Reading ●	☐	Technology ●	☐
Listening and Attention ●	☐	Writing ●	☐	Media and Materials ●	☐
Understanding ●	☐	Numbers ●	☐	Being Imaginative ●	☐
Speaking ●	☐	Shape, Space & Measure ●	☐		

My key achievement

Nappy Changes/ Toilet	Time Wet Soiled ☐ ☐	Time Wet Soiled ☐ ☐	Time Wet Soiled ☐ ☐	Time Wet Soiled ☐ ☐	Time Wet Soiled ☐ ☐	Time Wet Soiled ☐ ☐

Bottles	Time	Amount		Sleeps	From	Until
	_____ / _____				_____ / _____	
	_____ / _____				_____ / _____	
	_____ / _____				_____ / _____	
	_____ / _____				_____ / _____	

Meals

Breakfast	Lunch	Tea	Snacks

Parent / Carer Communication

What I enjoyed doing today:-   Date ____ /____ /____

Links to EYFS

Making Relationships ●	☐	Moving and Handling ●	☐	People and Communities ● ☐
Self-Confidence and Self- Awareness ●	☐	Health and Self-Care ●	☐	The World ● ☐
Managing Feelings and Behaviour ●	☐	Reading ●	☐	Technology ● ☐
Listening and Attention ●	☐	Writing ●	☐	Media and Materials ● ☐
Understanding ●	☐	Numbers ●	☐	Being Imaginative ● ☐
Speaking ●	☐	Shape, Space & Measure ●	☐	

My key achievement

Nappy Changes/ Toilet	Time Wet Soiled ☐ ☐	Time Wet Soiled ☐ ☐	Time Wet Soiled ☐ ☐	Time Wet Soiled ☐ ☐	Time Wet Soiled ☐ ☐	Time Wet Soiled ☐ ☐

Bottles	Time	Amount		Sleeps	From	Until
	_____ / _____				_____ / _____	
	_____ / _____				_____ / _____	
	_____ / _____				_____ / _____	
	_____ / _____				_____ / _____	

Meals

Breakfast	Lunch	Tea	Snacks

Parent / Carer Communication

What I enjoyed doing today:-   Date _____ /_____ /_____

Links to EYFS

Making Relationships ●	☐	Moving and Handling ●	☐	People and Communities ●	☐
Self-Confidence and Self- Awareness ●	☐	Health and Self-Care ●	☐	The World ●	☐
Managing Feelings and Behaviour ●	☐	Reading ●	☐	Technology ●	☐
Listening and Attention ●	☐	Writing ●	☐	Media and Materials ●	☐
Understanding ●	☐	Numbers ●	☐	Being Imaginative ●	☐
Speaking ●	☐	Shape, Space & Measure ●	☐		

My key achievement

Nappy Changes/ Toilet	Time Wet Soiled ☐ ☐	Time Wet Soiled ☐ ☐	Time Wet Soiled ☐ ☐	Time Wet Soiled ☐ ☐	Time Wet Soiled ☐ ☐	Time Wet Soiled ☐ ☐

Bottles	Time	Amount		Sleeps	From	Until
	_____ / _____				_____ / _____
	_____ / _____				_____ / _____
	_____ / _____				_____ / _____
	_____ / _____				_____ / _____

Meals

Breakfast	Lunch	Tea	Snacks

Parent / Carer Communication

What I enjoyed doing today:-   Date ____ /____ /____

My key achievement

| Nappy Changes/ Toilet | Time Wet Soiled ☐ ☐ | Time Wet Soiled ☐ ☐ | Time Wet Soiled ☐ ☐ | Time Wet Soiled ☐ ☐ | Time Wet Soiled ☐ ☐ | Time Wet Soiled ☐ ☐ |

Bottles	Time	Amount
	_____ / _____
	_____ / _____
	_____ / _____
	_____ / _____

Sleeps	From	Until
	_____ / _____
	_____ / _____
	_____ / _____

Meals

| Breakfast | Lunch | Tea | Snacks |

Parent / Carer Communication

What I enjoyed doing today:-   Date ____ /____ /____

Links to EYFS

Making Relationships ●	☐	Moving and Handling ●	☐	People and Communities ●	☐
Self-Confidence and Self-Awareness ●	☐	Health and Self-Care ●	☐	The World ●	☐
Managing Feelings and Behaviour ●	☐	Reading ●	☐	Technology ●	☐
Listening and Attention ●	☐	Writing ●	☐	Media and Materials ●	☐
Understanding ●	☐	Numbers ●	☐	Being Imaginative ●	☐
Speaking ●	☐	Shape, Space & Measure ●	☐		

My key achievement

Nappy Changes/ Toilet	Time Wet Soiled ☐ ☐	Time Wet Soiled ☐ ☐	Time Wet Soiled ☐ ☐	Time Wet Soiled ☐ ☐	Time Wet Soiled ☐ ☐	Time Wet Soiled ☐ ☐

Bottles	Time	Amount	Sleeps	From	Until
	_____	/ _____		_____	/ _____
	_____	/ _____		_____	/ _____
	_____	/ _____		_____	/ _____
	_____	/ _____		_____	/ _____

Meals

Breakfast	Lunch	Tea	Snacks

Parent / Carer Communication

What I enjoyed doing today:-　　　　　　Date ____ /____ /____

My key achievement

Nappy Changes/ Toilet	Time Wet Soiled ☐ ☐	Time Wet Soiled ☐ ☐	Time Wet Soiled ☐ ☐	Time Wet Soiled ☐ ☐	Time Wet Soiled ☐ ☐	Time Wet Soiled ☐ ☐

Bottles | Time　　Amount　　　　Z Sleeps | From　　Until

_____ / _____　　　　　　　_____ / _____
_____ / _____　　　　　　　_____ / _____
_____ / _____　　　　　　　_____ / _____
_____ / _____　　　　　　　_____ / _____

Meals

Breakfast	Lunch	Tea	Snacks

Parent / Carer Communication

What I enjoyed doing today:-   Date ____ /____ /____

Making Relationships ● ☐   Moving and Handling ● ☐   People and Communities ● ☐
Self-Confidence and Self-Awareness ● ☐   Health and Self-Care ● ☐   The World ● ☐
Managing Feelings and Behaviour ● ☐   Reading ● ☐   Technology ● ☐
Listening and Attention ● ☐   Writing ● ☐   Media and Materials ● ☐
Understanding ● ☐   Numbers ● ☐   Being Imaginative ● ☐
Speaking ● ☐   Shape, Space & Measure ● ☐

My key achievement

| Nappy Changes/ Toilet | Time Wet Soiled ☐ ☐ | Time Wet Soiled ☐ ☐ | Time Wet Soiled ☐ ☐ | Time Wet Soiled ☐ ☐ | Time Wet Soiled ☐ ☐ | Time Wet Soiled ☐ ☐ |

Bottles	Time	Amount		Sleeps	From	Until
	_____ / _____				_____ / _____
	_____ / _____				_____ / _____
	_____ / _____				_____ / _____
	_____ / _____				_____ / _____

| Meals |

Breakfast   Lunch   Tea   Snacks

Parent / Carer Communication

What I enjoyed doing today:-   Date ____ /____ /____

My key achievement

Nappy Changes/ Toilet	Time Wet Soiled	Time Wet Soiled	Time Wet Soiled	Time Wet Soiled	Time Wet Soiled	Time Wet Soiled
	☐ ☐	☐ ☐	☐ ☐	☐ ☐	☐ ☐	☐ ☐

Bottles | Time   Amount   Z Sleeps | From   Until

_____ / _____   _____ / _____

_____ / _____   _____ / _____

_____ / _____   _____ / _____

_____ / _____   _____ / _____

Meals

Breakfast	Lunch	Tea	Snacks

Parent / Carer Communication

What I enjoyed doing today:- Date ____ /____ /____

My key achievement

Nappy Changes/ Toilet	Time Wet Soiled ☐ ☐	Time Wet Soiled ☐ ☐	Time Wet Soiled ☐ ☐	Time Wet Soiled ☐ ☐	Time Wet Soiled ☐ ☐	Time Wet Soiled ☐ ☐

Bottles	Time	Amount		Sleeps	From	Until
	_____	/ _____			_____	/ _____
	_____	/ _____			_____	/ _____
	_____	/ _____			_____	/ _____
	_____	/ _____				

Meals

Breakfast	Lunch	Tea	Snacks

Parent / Carer Communication

What I enjoyed doing today:-   Date ____ /____ /____

Links to EYFS

Making Relationships ●	☐	Moving and Handling ● ☐	People and Communities ● ☐
Self-Confidence and Self- Awareness ●	☐	Health and Self-Care ● ☐	The World ● ☐
Managing Feelings and Behaviour ●	☐	Reading ● ☐	Technology ● ☐
Listening and Attention ●	☐	Writing ● ☐	Media and Materials ● ☐
Understanding ●	☐	Numbers ● ☐	Being Imaginative ● ☐
Speaking ●	☐	Shape, Space & Measure ● ☐	

My key achievement

Nappy Changes/ Toilet	Time Wet Soiled ☐ ☐	Time Wet Soiled ☐ ☐	Time Wet Soiled ☐ ☐	Time Wet Soiled ☐ ☐	Time Wet Soiled ☐ ☐	Time Wet Soiled ☐ ☐

Bottles | Time   Amount

_____ / _____

_____ / _____

_____ / _____

_____ / _____

Sleeps | From   Until

_____ / _____

_____ / _____

_____ / _____

_____ / _____

Meals

Breakfast	Lunch	Tea	Snacks

Parent / Carer Communication

What I enjoyed doing today:-   Date ____ /____ /____

My key achievement

Nappy Changes/ Toilet	Time Wet Soiled ☐ ☐	Time Wet Soiled ☐ ☐	Time Wet Soiled ☐ ☐	Time Wet Soiled ☐ ☐	Time Wet Soiled ☐ ☐	Time Wet Soiled ☐ ☐

Bottles	Time	Amount		Sleeps	From	Until
	_____ / _____				_____ / _____
	_____ / _____				_____ / _____
	_____ / _____				_____ / _____
	_____ / _____				_____ / _____

Meals

Breakfast	Lunch	Tea	Snacks

Parent / Carer Communication

What I enjoyed doing today:-   Date ____ /____ /____

| Links to EYFS |

Making Relationships ●	☐	Moving and Handling ●	☐	People and Communities ●	☐
Self-Confidence and Self- Awareness ●	☐	Health and Self-Care ●	☐	The World ●	☐
Managing Feelings and Behaviour ●	☐	Reading ●	☐	Technology ●	☐
Listening and Attention ●	☐	Writing ●	☐	Media and Materials ●	☐
Understanding ●	☐	Numbers ●	☐	Being Imaginative ●	☐
Speaking ●	☐	Shape, Space & Measure ●	☐		

My key achievement

| Nappy Changes/ Toilet | Time Wet Soiled ☐ ☐ | Time Wet Soiled ☐ ☐ | Time Wet Soiled ☐ ☐ | Time Wet Soiled ☐ ☐ | Time Wet Soiled ☐ ☐ | Time Wet Soiled ☐ ☐ |

Bottles	Time	Amount	Sleeps	From	Until
	_____ / _____			_____ / _____	
	_____ / _____			_____ / _____	
	_____ / _____			_____ / _____	
	_____ / _____			_____ / _____	

| Meals |

| Breakfast | Lunch | Tea | Snacks |

Parent / Carer Communication

What I enjoyed doing today:-   Date ____ /____ /____

Links to EYFS

Making Relationships ●	☐	Moving and Handling ●	☐	People and Communities ● ☐
Self-Confidence and Self- Awareness ●	☐	Health and Self-Care ●	☐	The World ● ☐
Managing Feelings and Behaviour ●	☐	Reading ●	☐	Technology ● ☐
Listening and Attention ●	☐	Writing ●	☐	Media and Materials ● ☐
Understanding ●	☐	Numbers ●	☐	Being Imaginative ● ☐
Speaking ●	☐	Shape, Space & Measure ●	☐	

My key achievement

Nappy Changes/ Toilet	Time Wet Soiled ☐ ☐	Time Wet Soiled ☐ ☐	Time Wet Soiled ☐ ☐	Time Wet Soiled ☐ ☐	Time Wet Soiled ☐ ☐	Time Wet Soiled ☐ ☐

Bottles | Time   Amount   Sleeps   From   Until

_____ / _____   _____ / _____
_____ / _____   _____ / _____
_____ / _____   _____ / _____
_____ / _____   _____ / _____

Meals

Breakfast   Lunch   Tea   Snacks

Parent / Carer Communication

What I enjoyed doing today:-   Date ____ /____ /____

Making Relationships ●	☐	Moving and Handling ●	☐	People and Communities ●	☐
Self-Confidence and Self- Awareness ●	☐	Health and Self-Care ●	☐	The World ●	☐
Managing Feelings and Behaviour ●	☐	Reading ●	☐	Technology ●	☐
Listening and Attention ●	☐	Writing ●	☐	Media and Materials ●	☐
Understanding ●	☐	Numbers ●	☐	Being Imaginative ●	☐
Speaking ●	☐	Shape, Space & Measure ●	☐		

My key achievement

Nappy Changes/ Toilet	Time	Time	Time	Time	Time	Time
	Wet Soiled	Wet Soiled	Wet Soiled	Wet Soiled	Wet Soiled	Wet Soiled
	☐ ☐	☐ ☐	☐ ☐	☐ ☐	☐ ☐	☐ ☐

Bottles	Time	Amount		Sleeps	From	Until
	_____ / _____				_____ / _____
	_____ / _____				_____ / _____
	_____ / _____				_____ / _____
	_____ / _____				_____ / _____

Meals

| Breakfast | Lunch | Tea | Snacks |
| | | | |

Parent / Carer Communication

What I enjoyed doing today:- Date ____ /____ /____

Links to EYFS

Making Relationships ●	☐	Moving and Handling ●	☐	People and Communities ● ☐
Self-Confidence and Self- Awareness ●	☐	Health and Self-Care ●	☐	The World ● ☐
Managing Feelings and Behaviour ●	☐	Reading ●	☐	Technology ● ☐
Listening and Attention ●	☐	Writing ●	☐	Media and Materials ● ☐
Understanding ●	☐	Numbers ●	☐	Being Imaginative ● ☐
Speaking ●	☐	Shape, Space & Measure ●	☐	

My key achievement

Nappy Changes/ Toilet	Time Wet Soiled ☐ ☐	Time Wet Soiled ☐ ☐	Time Wet Soiled ☐ ☐	Time Wet Soiled ☐ ☐	Time Wet Soiled ☐ ☐	Time Wet Soiled ☐ ☐

Bottles	Time	Amount	Sleeps	From	Until
	_____ / _____			_____ / _____
	_____ / _____			_____ / _____
	_____ / _____			_____ / _____
	_____ / _____			_____ / _____

Meals

Breakfast	Lunch	Tea	Snacks

Parent / Carer Communication

What I enjoyed doing today:-   Date ____ /____ /____

My key achievement

Nappy Changes/ Toilet	Time Wet Soiled ☐ ☐	Time Wet Soiled ☐ ☐	Time Wet Soiled ☐ ☐	Time Wet Soiled ☐ ☐	Time Wet Soiled ☐ ☐	Time Wet Soiled ☐ ☐

Bottles | Time   Amount   Sleeps | From   Until

_____ / _____   _____ / _____
_____ / _____   _____ / _____
_____ / _____   _____ / _____
_____ / _____   _____ / _____

Meals

Breakfast   Lunch   Tea   Snacks

Parent / Carer Communication

What I enjoyed doing today:-   Date ____ /____ /____

Making Relationships ● ☐	Moving and Handling ● ☐	People and Communities ● ☐
Self-Confidence and Self- Awareness ● ☐	Health and Self-Care ● ☐	The World ● ☐
Managing Feelings and Behaviour ● ☐	Reading ● ☐	Technology ● ☐
Listening and Attention ● ☐	Writing ● ☐	Media and Materials ● ☐
Understanding ● ☐	Numbers ● ☐	Being Imaginative ● ☐
Speaking ● ☐	Shape, Space & Measure ● ☐	

My key achievement

Nappy Changes/ Toilet	Time Wet Soiled ☐ ☐	Time Wet Soiled ☐ ☐	Time Wet Soiled ☐ ☐	Time Wet Soiled ☐ ☐	Time Wet Soiled ☐ ☐	Time Wet Soiled ☐ ☐

Bottles	Time	Amount		Sleeps	From	Until
	_____	/ _____			_____	/ _____
	_____	/ _____			_____	/ _____
	_____	/ _____			_____	/ _____
	_____	/ _____			_____	/ _____

Meals

Breakfast	Lunch	Tea	Snacks

Parent / Carer Communication

What I enjoyed doing today:-   Date ____ /____ /____

Making Relationships ●   ☐ Moving and Handling ● ☐   People and Communities ● ☐
Self-Confidence and Self- Awareness ●   ☐ Health and Self-Care ● ☐   The World ●   ☐
Managing Feelings and Behaviour ●   ☐ Reading ●   Technology ●   ☐
Listening and Attention ●   ☐ Writing ●   Media and Materials ●   ☐
Understanding ●   ☐ Numbers ●   Being Imaginative ●   ☐
Speaking ●   ☐ Shape, Space & Measure ● ☐

My key achievement

Nappy Changes/ Toilet	Time Wet Soiled ☐ ☐	Time Wet Soiled ☐ ☐	Time Wet Soiled ☐ ☐	Time Wet Soiled ☐ ☐	Time Wet Soiled ☐ ☐	Time Wet Soiled ☐ ☐

Bottles | Time   Amount   Sleeps | From   Until
_____ / _____   _____ / _____
_____ / _____   _____ / _____
_____ / _____   _____ / _____
_____ / _____   _____ / _____

Meals

Breakfast   Lunch   Tea   Snacks

Parent / Carer Communication

What I enjoyed doing today:-   Date ____ / ____ / ____

Links to EYFS

Making Relationships ● ☐	Moving and Handling ● ☐	People and Communities ● ☐
Self-Confidence and Self- Awareness ● ☐	Health and Self-Care ● ☐	The World ● ☐
Managing Feelings and Behaviour ● ☐	Reading ● ☐	Technology ● ☐
Listening and Attention ● ☐	Writing ● ☐	Media and Materials ● ☐
Understanding ● ☐	Numbers ● ☐	Being Imaginative ● ☐
Speaking ● ☐	Shape, Space & Measure ● ☐	

My key achievement

Nappy Changes/ Toilet	Time Wet Soiled ☐ ☐	Time Wet Soiled ☐ ☐	Time Wet Soiled ☐ ☐	Time Wet Soiled ☐ ☐	Time Wet Soiled ☐ ☐	Time Wet Soiled ☐ ☐

Bottles | Time   Amount   Sleeps   From   Until

_____ / _____   _____ / _____

_____ / _____   _____ / _____

_____ / _____   _____ / _____

_____ / _____   _____ / _____

Meals

Breakfast   Lunch   Tea   Snacks

Parent / Carer Communication

What I enjoyed doing today:-   Date ____ /____ /____

My key achievement

Nappy Changes/ Toilet	Time Wet Soiled ☐ ☐	Time Wet Soiled ☐ ☐	Time Wet Soiled ☐ ☐	Time Wet Soiled ☐ ☐	Time Wet Soiled ☐ ☐	Time Wet Soiled ☐ ☐

Bottles | Time | Amount

_____ / _____
_____ / _____
_____ / _____
_____ / _____

Z Z Z Z Sleeps | From | Until

_____ / _____
_____ / _____
_____ / _____
_____ / _____

Meals

Breakfast	Lunch	Tea	Snacks

Parent / Carer Communication

What I enjoyed doing today:-   Date ____ /____ /____

| Links to EYFS |

Making Relationships ● ☐	Moving and Handling ● ☐	People and Communities ● ☐
Self-Confidence and Self- Awareness ● ☐	Health and Self-Care ● ☐	The World ● ☐
Managing Feelings and Behaviour ● ☐	Reading ● ☐	Technology ● ☐
Listening and Attention ● ☐	Writing ● ☐	Media and Materials ● ☐
Understanding ● ☐	Numbers ● ☐	Being Imaginative ● ☐
Speaking ● ☐	Shape, Space & Measure ● ☐	

My key achievement

Nappy Changes/ Toilet	Time Wet Soiled ☐ ☐	Time Wet Soiled ☐ ☐	Time Wet Soiled ☐ ☐	Time Wet Soiled ☐ ☐	Time Wet Soiled ☐ ☐	Time Wet Soiled ☐ ☐

Bottles	Time	Amount		Sleeps	From	Until
	____ / ____				____ / ____	
	____ / ____				____ / ____	
	____ / ____				____ / ____	
	____ / ____				____ / ____	

| Meals |

Breakfast	Lunch	Tea	Snacks

Parent / Carer Communication

What I enjoyed doing today:-   Date ____ / ____ / ____

My key achievement

Nappy Changes/ Toilet	Time Wet Soiled ☐ ☐	Time Wet Soiled ☐ ☐	Time Wet Soiled ☐ ☐	Time Wet Soiled ☐ ☐	Time Wet Soiled ☐ ☐	Time Wet Soiled ☐ ☐

Bottles   Time   Amount   Sleeps   From   Until
_____ / _____   _____ / _____
_____ / _____   _____ / _____
_____ / _____   _____ / _____
_____ / _____   _____ / _____

Meals

Breakfast   Lunch   Tea   Snacks

Parent / Carer Communication

What I enjoyed doing today:-   Date ____ /____ /____

Links to EYFS

Making Relationships ● ☐	Moving and Handling ● ☐	People and Communities ● ☐
Self-Confidence and Self- Awareness ● ☐	Health and Self-Care ● ☐	The World ● ☐
Managing Feelings and Behaviour ● ☐	Reading ● ☐	Technology ● ☐
Listening and Attention ● ☐	Writing ● ☐	Media and Materials ● ☐
Understanding ● ☐	Numbers ● ☐	Being Imaginative ● ☐
Speaking ● ☐	Shape, Space & Measure ● ☐	

My key achievement

Nappy Changes/ Toilet	Time Wet Soiled ☐ ☐	Time Wet Soiled ☐ ☐	Time Wet Soiled ☐ ☐	Time Wet Soiled ☐ ☐	Time Wet Soiled ☐ ☐	Time Wet Soiled ☐ ☐

Bottles | Time   Amount

_____ / _____
_____ / _____
_____ / _____
_____ / _____

Sleeps | From   Until

_____ / _____
_____ / _____
_____ / _____
_____ / _____

Meals

Breakfast	Lunch	Tea	Snacks

Parent / Carer Communication

What I enjoyed doing today:-   Date ____ /____ /____

Making Relationships ●	☐	Moving and Handling ●	☐	People and Communities ●	☐
Self-Confidence and Self- Awareness ●	☐	Health and Self-Care ●	☐	The World ●	☐
Managing Feelings and Behaviour ●	☐	Reading ●	☐	Technology ●	☐
Listening and Attention ●	☐	Writing ●	☐	Media and Materials ●	☐
Understanding ●	☐	Numbers ●	☐	Being Imaginative ●	☐
Speaking ●	☐	Shape, Space & Measure ●	☐		

My key achievement

Nappy Changes/ Toilet	Time Wet Soiled ☐ ☐	Time Wet Soiled ☐ ☐	Time Wet Soiled ☐ ☐	Time Wet Soiled ☐ ☐	Time Wet Soiled ☐ ☐	Time Wet Soiled ☐ ☐

Bottles	Time	Amount		Sleeps	From	Until
	_____ / _____				_____ / _____
	_____ / _____				_____ / _____
	_____ / _____				_____ / _____
	_____ / _____				_____ / _____

Meals

Breakfast	Lunch	Tea	Snacks

Parent / Carer Communication

What I enjoyed doing today:-   Date ____ /____ /____

Links to EYFS

Making Relationships ●	☐	Moving and Handling ●	☐	People and Communities ●	☐
Self-Confidence and Self- Awareness ●	☐	Health and Self-Care ●	☐	The World ●	☐
Managing Feelings and Behaviour ●	☐	Reading ●	☐	Technology ●	☐
Listening and Attention ●	☐	Writing ●	☐	Media and Materials ●	☐
Understanding ●	☐	Numbers ●	☐	Being Imaginative ●	☐
Speaking ●	☐	Shape, Space & Measure ●	☐		

My key achievement

Nappy Changes/ Toilet	Time Wet Soiled ☐ ☐	Time Wet Soiled ☐ ☐	Time Wet Soiled ☐ ☐	Time Wet Soiled ☐ ☐	Time Wet Soiled ☐ ☐	Time Wet Soiled ☐ ☐

Bottles	Time	Amount	Sleeps	From	Until
	_____ / _____			_____ / _____
	_____ / _____			_____ / _____
	_____ / _____			_____ / _____
	_____ / _____			_____ / _____

Meals

Breakfast	Lunch	Tea	Snacks

Parent / Carer Communication

What I enjoyed doing today:-　　　　　　　　Date ____ /____ /____

My key achievement

| Nappy Changes/ Toilet | Time Wet Soiled ☐ ☐ | Time Wet Soiled ☐ ☐ | Time Wet Soiled ☐ ☐ | Time Wet Soiled ☐ ☐ | Time Wet Soiled ☐ ☐ | Time Wet Soiled ☐ ☐ |

| Bottles | Time | Amount | | Sleeps | From | Until |

_____ / _____　　　　　　_____ / _____
_____ / _____　　　　　　_____ / _____
_____ / _____　　　　　　_____ / _____
_____ / _____　　　　　　_____ / _____

| Meals |

| Breakfast | Lunch | Tea | Snacks |

Parent / Carer Communication

What I enjoyed doing today:-   Date ____ / ____ / ____

My key achievement

Nappy Changes/ Toilet	Time Wet Soiled ☐ ☐	Time Wet Soiled ☐ ☐	Time Wet Soiled ☐ ☐	Time Wet Soiled ☐ ☐	Time Wet Soiled ☐ ☐	Time Wet Soiled ☐ ☐

Bottles	Time	Amount	Sleeps	From	Until
	_____ / _____			_____ / _____
	_____ / _____			_____ / _____
	_____ / _____			_____ / _____
	_____ / _____			_____ / _____

Meals

Breakfast	Lunch	Tea	Snacks

Parent / Carer Communication

What I enjoyed doing today:-   Date ____ /____ /____

My key achievement

Nappy Changes/ Toilet	Time Wet Soiled ☐ ☐	Time Wet Soiled ☐ ☐	Time Wet Soiled ☐ ☐	Time Wet Soiled ☐ ☐	Time Wet Soiled ☐ ☐	Time Wet Soiled ☐ ☐

Bottles	Time	Amount		Sleeps	From	Until
	____ / ____				____ / ____	
	____ / ____				____ / ____	
	____ / ____				____ / ____	
	____ / ____				____ / ____	

Meals

Breakfast	Lunch	Tea	Snacks

Parent / Carer Communication

What I enjoyed doing today:-   Date ____ /____ /____

Making Relationships ● ☐	Moving and Handling ● ☐	People and Communities ● ☐
Self-Confidence and Self-Awareness ● ☐	Health and Self-Care ● ☐	The World ● ☐
Managing Feelings and Behaviour ● ☐	Reading ● ☐	Technology ● ☐
Listening and Attention ● ☐	Writing ● ☐	Media and Materials ● ☐
Understanding ● ☐	Numbers ● ☐	Being Imaginative ● ☐
Speaking ● ☐	Shape, Space & Measure ● ☐	

My key achievement

Nappy Changes/ Toilet	Time Wet Soiled ☐ ☐	Time Wet Soiled ☐ ☐	Time Wet Soiled ☐ ☐	Time Wet Soiled ☐ ☐	Time Wet Soiled ☐ ☐	Time Wet Soiled ☐ ☐

Bottles | Time   Amount   Sleeps   From   Until

_____ / _____   _____ / _____

_____ / _____   _____ / _____

_____ / _____   _____ / _____

_____ / _____   _____ / _____

Meals

Breakfast	Lunch	Tea	Snacks

Parent / Carer Communication

What I enjoyed doing today:-   Date ____ /____ /____

Making Relationships ● ☐   Moving and Handling ● ☐   People and Communities ● ☐
Self-Confidence and Self- Awareness ● ☐   Health and Self-Care ● ☐   The World ● ☐
Managing Feelings and Behaviour ● ☐   Reading ● ☐   Technology ● ☐
Listening and Attention ● ☐   Writing ● ☐   Media and Materials ● ☐
Understanding ● ☐   Numbers ● ☐   Being Imaginative ● ☐
Speaking ● ☐   Shape, Space & Measure ● ☐

My key achievement

Nappy Changes/ Toilet	Time Wet Soiled ☐ ☐	Time Wet Soiled ☐ ☐	Time Wet Soiled ☐ ☐	Time Wet Soiled ☐ ☐	Time Wet Soiled ☐ ☐	Time Wet Soiled ☐ ☐

Bottles | Time   Amount   Sleeps | From   Until

_____ / _____   _____ / _____
_____ / _____   _____ / _____
_____ / _____   _____ / _____
_____ / _____   _____ / _____

Meals

Breakfast	Lunch	Tea	Snacks

Parent / Carer Communication

What I enjoyed doing today:-   Date ____ /____ /____

Links to EYFS

Making Relationships ● ☐	Moving and Handling ● ☐	People and Communities ● ☐
Self-Confidence and Self- Awareness ● ☐	Health and Self-Care ● ☐	The World ● ☐
Managing Feelings and Behaviour ● ☐	Reading ● ☐	Technology ● ☐
Listening and Attention ● ☐	Writing ● ☐	Media and Materials ● ☐
Understanding ● ☐	Numbers ● ☐	Being Imaginative ● ☐
Speaking ● ☐	Shape, Space & Measure ● ☐	

My key achievement

Nappy Changes/ Toilet	Time Wet Soiled ☐ ☐	Time Wet Soiled ☐ ☐	Time Wet Soiled ☐ ☐	Time Wet Soiled ☐ ☐	Time Wet Soiled ☐ ☐	Time Wet Soiled ☐ ☐

Bottles | Time   Amount   Sleeps   From   Until

_____ / _____   _____ / _____

_____ / _____   _____ / _____

_____ / _____   _____ / _____

_____ / _____   _____ / _____

Meals

Breakfast   Lunch   Tea   Snacks

Parent / Carer Communication

What I enjoyed doing today:-   Date ____ / ____ / ____

Making Relationships ● ☐	Moving and Handling ● ☐	People and Communities ● ☐
Self-Confidence and Self-Awareness ● ☐	Health and Self-Care ● ☐	The World ● ☐
Managing Feelings and Behaviour ● ☐	Reading ● ☐	Technology ● ☐
Listening and Attention ● ☐	Writing ● ☐	Media and Materials ● ☐
Understanding ● ☐	Numbers ● ☐	Being Imaginative ● ☐
Speaking ● ☐	Shape, Space & Measure ● ☐	

My key achievement

Nappy Changes/ Toilet	Time Wet Soiled ☐ ☐	Time Wet Soiled ☐ ☐	Time Wet Soiled ☐ ☐	Time Wet Soiled ☐ ☐	Time Wet Soiled ☐ ☐	Time Wet Soiled ☐ ☐

Bottles | Time   Amount   Sleeps | From   Until

_____ / _____   _____ / _____

_____ / _____   _____ / _____

_____ / _____   _____ / _____

_____ / _____   _____ / _____

Meals

Breakfast	Lunch	Tea	Snacks

Parent / Carer Communication

What I enjoyed doing today:-

Date ____ /____ /____

Links to EYFS

Making Relationships ●	☐	Moving and Handling ●	☐	People and Communities ●	☐
Self-Confidence and Self- Awareness ●	☐	Health and Self-Care ●	☐	The World ●	☐
Managing Feelings and Behaviour ●	☐	Reading ●	☐	Technology ●	☐
Listening and Attention ●	☐	Writing ●	☐	Media and Materials ●	☐
Understanding ●	☐	Numbers ●	☐	Being Imaginative ●	☐
Speaking ●	☐	Shape, Space & Measure ●	☐		

My key achievement

Nappy Changes/ Toilet	Time Wet Soiled ☐ ☐	Time Wet Soiled ☐ ☐	Time Wet Soiled ☐ ☐	Time Wet Soiled ☐ ☐	Time Wet Soiled ☐ ☐	Time Wet Soiled ☐ ☐

Bottles	Time	Amount	Sleeps	From	Until
	_____ / _____			_____ / _____	
	_____ / _____			_____ / _____	
	_____ / _____			_____ / _____	
	_____ / _____			_____ / _____	

Meals

Breakfast	Lunch	Tea	Snacks

Parent / Carer Communication

What I enjoyed doing today:-   Date ____ / ____ / ____

Making Relationships ● ☐	Moving and Handling ● ☐	People and Communities ● ☐
Self-Confidence and Self- Awareness ● ☐	Health and Self-Care ● ☐	The World ● ☐
Managing Feelings and Behaviour ● ☐	Reading ● ☐	Technology ● ☐
Listening and Attention ● ☐	Writing ● ☐	Media and Materials ● ☐
Understanding ● ☐	Numbers ● ☐	Being Imaginative ● ☐
Speaking ● ☐	Shape, Space & Measure ● ☐	

My key achievement

Nappy Changes/ Toilet	Time Wet Soiled ☐ ☐	Time Wet Soiled ☐ ☐	Time Wet Soiled ☐ ☐	Time Wet Soiled ☐ ☐	Time Wet Soiled ☐ ☐	Time Wet Soiled ☐ ☐

Bottles	Time	Amount		Sleeps	From	Until
	_____	/ _____			_____	/ _____
	_____	/ _____			_____	/ _____
	_____	/ _____			_____	/ _____
	_____	/ _____			_____	/ _____

Meals

Breakfast	Lunch	Tea	Snacks

Parent / Carer Communication

What I enjoyed doing today:-   Date ____ /____ /____

Making Relationships ●   ☐   Moving and Handling ●   ☐   People and Communities ● ☐
Self-Confidence and Self- Awareness ● ☐   Health and Self-Care ●   ☐   The World ●   ☐
Managing Feelings and Behaviour ● ☐   Reading ●   ☐   Technology ●   ☐
Listening and Attention ●   ☐   Writing ●   ☐   Media and Materials ●   ☐
Understanding ●   ☐   Numbers ●   ☐   Being Imaginative ●   ☐
Speaking ●   ☐   Shape, Space & Measure ●   ☐

My key achievement

Nappy Changes/ Toilet	Time Wet Soiled ☐ ☐	Time Wet Soiled ☐ ☐	Time Wet Soiled ☐ ☐	Time Wet Soiled ☐ ☐	Time Wet Soiled ☐ ☐	Time Wet Soiled ☐ ☐

Bottles   Time   Amount   Sleeps   From   Until

_____ / _____   _____ / _____

_____ / _____   _____ / _____

_____ / _____   _____ / _____

_____ / _____   _____ / _____

Meals

Breakfast	Lunch	Tea	Snacks

Parent / Carer Communication

What I enjoyed doing today:-   Date ____ /____ /____

Links to EYFS

Making Relationships •   ☐   Moving and Handling •   ☐   People and Communities • ☐
Self-Confidence and Self- Awareness •   ☐   Health and Self-Care •   ☐   The World •   ☐
Managing Feelings and Behaviour •   ☐   Reading •   ☐   Technology •   ☐
Listening and Attention •   ☐   Writing •   ☐   Media and Materials •   ☐
Understanding •   ☐   Numbers •   ☐   Being Imaginative •   ☐
Speaking •   ☐   Shape, Space & Measure •   ☐

My key achievement

Nappy Changes/ Toilet	Time Wet Soiled	Time Wet Soiled	Time Wet Soiled	Time Wet Soiled	Time Wet Soiled	Time Wet Soiled
	☐ ☐	☐ ☐	☐ ☐	☐ ☐	☐ ☐	☐ ☐

Bottles | Time   Amount   Sleeps | From   Until

_____ / _____   _____ / _____
_____ / _____   _____ / _____
_____ / _____   _____ / _____
_____ / _____   _____ / _____

Meals

Breakfast   Lunch   Tea   Snacks

Parent / Carer Communication

What I enjoyed doing today:-   Date ____ /____ /____

My key achievement

Nappy Changes/ Toilet	Time Wet Soiled ☐ ☐	Time Wet Soiled ☐ ☐	Time Wet Soiled ☐ ☐	Time Wet Soiled ☐ ☐	Time Wet Soiled ☐ ☐	Time Wet Soiled ☐ ☐

Bottles | Time   Amount   Sleeps   From   Until

_____ / _____   _____ / _____

_____ / _____   _____ / _____

_____ / _____   _____ / _____

_____ / _____   _____ / _____

Meals

Breakfast   Lunch   Tea   Snacks

Parent / Carer Communication

What I enjoyed doing today:-   Date ____ /____ /____

Links to EYFS

Making Relationships ●	☐	Moving and Handling ●	☐	People and Communities ● ☐
Self-Confidence and Self- Awareness ●	☐	Health and Self-Care ●	☐	The World ● ☐
Managing Feelings and Behaviour ●	☐	Reading ●	☐	Technology ● ☐
Listening and Attention ●	☐	Writing ●	☐	Media and Materials ● ☐
Understanding ●	☐	Numbers ●	☐	Being Imaginative ● ☐
Speaking ●	☐	Shape, Space & Measure ●	☐	

My key achievement

Nappy Changes/ Toilet	Time Wet Soiled ☐ ☐	Time Wet Soiled ☐ ☐	Time Wet Soiled ☐ ☐	Time Wet Soiled ☐ ☐	Time Wet Soiled ☐ ☐	Time Wet Soiled ☐ ☐

Bottles | Time   Amount   Sleeps | From   Until

_____ / _____   _____ / _____
_____ / _____   _____ / _____
_____ / _____   _____ / _____
_____ / _____   _____ / _____

Meals

Breakfast	Lunch	Tea	Snacks

Parent / Carer Communication

What I enjoyed doing today:-   Date ____ /____ /____

My key achievement

Nappy Changes/ Toilet	Time Wet Soiled ☐ ☐	Time Wet Soiled ☐ ☐	Time Wet Soiled ☐ ☐	Time Wet Soiled ☐ ☐	Time Wet Soiled ☐ ☐	Time Wet Soiled ☐ ☐

Bottles | Time   Amount

____ / ____
____ / ____
____ / ____
____ / ____

Sleeps | From   Until

____ / ____
____ / ____
____ / ____
____ / ____

Meals

Breakfast	Lunch	Tea	Snacks

Parent / Carer Communication

What I enjoyed doing today:-   Date ____ /____ /____

My key achievement

Nappy Changes/ Toilet	Time	Time	Time	Time	Time	Time
	Wet Soiled	Wet Soiled	Wet Soiled	Wet Soiled	Wet Soiled	Wet Soiled
	☐ ☐	☐ ☐	☐ ☐	☐ ☐	☐ ☐	☐ ☐

Bottles | Time | Amount   Sleeps   From | Until

_____ / _____   _____ / _____
_____ / _____   _____ / _____
_____ / _____   _____ / _____
_____ / _____   _____ / _____

Meals

Breakfast   Lunch   Tea   Snacks

Parent / Carer Communication

What I enjoyed doing today:- 　　　　Date ____ /____ /____

Making Relationships ● ☐	Moving and Handling ● ☐	People and Communities ● ☐
Self-Confidence and Self- Awareness ● ☐	Health and Self-Care ● ☐	The World ● ☐
Managing Feelings and Behaviour ● ☐	Reading ● ☐	Technology ● ☐
Listening and Attention ● ☐	Writing ● ☐	Media and Materials ● ☐
Understanding ● ☐	Numbers ● ☐	Being Imaginative ● ☐
Speaking ● ☐	Shape, Space & Measure ● ☐	

My key achievement

Nappy Changes/ Toilet	Time Wet Soiled ☐ ☐	Time Wet Soiled ☐ ☐	Time Wet Soiled ☐ ☐	Time Wet Soiled ☐ ☐	Time Wet Soiled ☐ ☐	Time Wet Soiled ☐ ☐

Bottles | Time　　Amount

_____ / _____
_____ / _____
_____ / _____
_____ / _____

Sleeps | From　　Until

_____ / _____
_____ / _____
_____ / _____
_____ / _____

Meals

Breakfast	Lunch	Tea	Snacks

Parent / Carer Communication

What I enjoyed doing today:-   Date ____ / ____ / ____

Making Relationships ●	☐	Moving and Handling ● ☐	People and Communities ● ☐
Self-Confidence and Self- Awareness ●	☐	Health and Self-Care ● ☐	The World ● ☐
Managing Feelings and Behaviour ●	☐	Reading ● ☐	Technology ● ☐
Listening and Attention ●	☐	Writing ● ☐	Media and Materials ● ☐
Understanding ●	☐	Numbers ● ☐	Being Imaginative ● ☐
Speaking ●	☐	Shape, Space & Measure ● ☐	

My key achievement

Nappy Changes/ Toilet	Time Wet Soiled ☐ ☐	Time Wet Soiled ☐ ☐	Time Wet Soiled ☐ ☐	Time Wet Soiled ☐ ☐	Time Wet Soiled ☐ ☐	Time Wet Soiled ☐ ☐

Bottles	Time	Amount		Sleeps	From	Until
	_____ / _____				_____ / _____
	_____ / _____				_____ / _____
	_____ / _____				_____ / _____
	_____ / _____				_____ / _____

Meals

Breakfast	Lunch	Tea	Snacks

Parent / Carer Communication

What I enjoyed doing today:-   Date ____ /____ /____

Links to EYFS

Making Relationships ●	☐	Moving and Handling ●	☐	People and Communities ●	☐
Self-Confidence and Self- Awareness ●	☐	Health and Self-Care ●	☐	The World ●	☐
Managing Feelings and Behaviour ●	☐	Reading ●	☐	Technology ●	☐
Listening and Attention ●	☐	Writing ●	☐	Media and Materials ●	☐
Understanding ●	☐	Numbers ●	☐	Being Imaginative ●	☐
Speaking ●	☐	Shape, Space & Measure ●	☐		

My key achievement

Nappy Changes/ Toilet	Time Wet Soiled ☐ ☐	Time Wet Soiled ☐ ☐	Time Wet Soiled ☐ ☐	Time Wet Soiled ☐ ☐	Time Wet Soiled ☐ ☐	Time Wet Soiled ☐ ☐

Bottles	Time	Amount		Sleeps	From	Until
	_____ / _____				_____ / _____
	_____ / _____				_____ / _____
	_____ / _____				_____ / _____
	_____ / _____				_____ / _____

Meals

Breakfast	Lunch	Tea	Snacks

Parent / Carer Communication

What I enjoyed doing today:-   Date ____ /____ /____

Links to EYFS

Making Relationships ●	☐	Moving and Handling ●	☐	People and Communities ● ☐
Self-Confidence and Self- Awareness ●	☐	Health and Self-Care ●	☐	The World ● ☐
Managing Feelings and Behaviour ●	☐	Reading ●	☐	Technology ●
Listening and Attention ●	☐	Writing ●	☐	Media and Materials ● ☐
Understanding ●	☐	Numbers ●	☐	Being Imaginative ● ☐
Speaking ●	☐	Shape, Space & Measure ●	☐	

My key achievement

Nappy Changes/ Toilet	Time Wet Soiled ☐ ☐	Time Wet Soiled ☐ ☐	Time Wet Soiled ☐ ☐	Time Wet Soiled ☐ ☐	Time Wet Soiled ☐ ☐	Time Wet Soiled ☐ ☐

Bottles	Time	Amount		Sleeps	From	Until
	_____ / _____				_____ / _____
	_____ / _____				_____ / _____
	_____ / _____				_____ / _____
	_____ / _____				_____ / _____

Meals

Breakfast	Lunch	Tea	Snacks

Parent / Carer Communication

What I enjoyed doing today:-   Date ____ /____ /____

My key achievement

Nappy Changes/ Toilet	Time Wet Soiled ☐ ☐	Time Wet Soiled ☐ ☐	Time Wet Soiled ☐ ☐	Time Wet Soiled ☐ ☐	Time Wet Soiled ☐ ☐	Time Wet Soiled ☐ ☐

Bottles | Time   Amount   Sleeps   From   Until

_____ / _____   _____ / _____
_____ / _____   _____ / _____
_____ / _____   _____ / _____
_____ / _____   _____ / _____

Meals

Breakfast   Lunch   Tea   Snacks

Parent / Carer Communication

Printed in Great Britain
by Amazon

84483794R00058